Possano i vostri cuori fiorire

Discorso di

Sri Mata Amritanandamayi

al Congresso delle Religioni del Mondo
Chicago, settembre 1993

Mata Amritanandamayi Center
San Ramon, California
Stati Uniti di America

Possano i vostri cuori fiorire
Discorso di Sri Mata Amritanandamayi
al Congresso mondiale delle Religioni,
Chicago, settembre 1993

Pubblicato da:
  Mata Amritanandamayi Center
  P.O. Box 613, San Ramon, CA 94583
  Stati Uniti di America

———————— *May your Hearts Blossom(Italian)* ————

Copyright © 1996 Mata Amritanandamayi Mission
Trust, Amritapuri, Kollam, Kerala, India
Tutti i diritti riservati. Ogni riproduzione, archiviazione,
traduzione o diffusione, totale o parziale, della presente
pubblicazione, con qualsiasi mezzo, con qualsiasi scopo
e nei confronti di chiunque, è vietata senza il consenso
scritto dell'editore.

Prima edizione:: aprile 1996

In Italia:
  www.amma-italia.it
  amma-italia@amma-italia.it

In India:
  www.amritapuri.org
  inform@amritapuri.org

Indice

Un ritratto della divina madre	4
Il secondo Congresso delle Religioni del Mondo 1993	7
Il comitato presidenziale	11
Introduzione	13
La corrente del Gange	17
Possano i vostri cuori fiorire	19
La meravigliosa eredità del Sanatana Dharma	46
Il messaggio del Sanatana Dharma	52
Verso un'etica globale	59

Un ritratto della divina madre

La Madre è una mistica accessibile a tutti, con la quale si puo' parlare ed alla sua presenza sentire la presenza di Dio. E' umile, ma solida come la Terra. E' semplice, ma risplendente come la luna piena. E' l'incarnazione dell'Amore, della Verità, della rinuncia e dell'abnegazione. Non si limita a insegnare, ma mette in pratica ciò che insegna in ogni momento della vita. Dà tutto senza chiedere niente. E' un Grande Maestro e una Grande Madre. Ecco cos'è Mata Amritanandamayi Devi.

La Madre nacque già pienamente consapevole della Verità suprema. Essendosi sottoposta alla piu' rigorosa disciplina spirituale, o avendolo fatto per dare esempio (non sappiamo quale delle due cose), abbraccia tutto il mondo con un amore e una compassione impossibili da descrivere, amore e compassione che sono la sua vera essenza, il suo vero essere.

Sin dalla primissima infanzia si è consumata nell'amore di Dio. Senza guida o guru, si è immersa nella ricerca della Madre e del Padre divini. Ha dovuto subire le ingiurie dei familiari, degli abitanti del suo villaggio e degli scettici, che non ne comprendevano l'innata grandezza. Lottando sempre da sola, ha affrontato qualunque circostanza con spirito imperturbabile, con incrollabile coraggio, con pazienza e amore nei confronti di tutti. All'età di ventun anni rivelò il suo stato di Unità con il Supremo, e a ventidue cominciò ad iniziare alla vita spirituale i ricercatori della Verità. A ventisette anni aveva già fondato la sede spirituale della sua Missione internazionale, nella casa che l'aveva vista nascere. Cinque anni più tardi, erano già sorti una ventina di *ashram* in tutta l'India e fuori dall'India. Nel 1987, su invito dei devoti americani ed europei, la Divina Madre intraprese il suo primo *tour* mondiale, ispirando e rasserenando un numero incalcolabile di persone. Aveva trentatre anni.

Tutta la vita di Amma è un esempio ineguagliabile di amore altruistico e incondizionato. In decenni di instancabile servizio agli altri, Amma ha consolato e incoraggiato personalmente milioni di persone sofferenti, appartenenti a tutti i ceti sociali e provenienti da ogni parte del mondo. La Madre asciuga le lacrime con le sue stesse mani e libera dal peso della sofferenza. Il contatto delle sue mani, il calore, la compassione, la tenerezza e la profonda considerazione che Amma dispensa a ciascuno, il carisma spirituale, l'innocenza e il fascino sempre così naturale, sono unici e inconfondibili. Per la Madre, qualunque essere dell'universo è suo figlio. Come si espresse una volta:

"Un fiume inesauribile d'Amore fluisce da Amma verso tutti gli esseri dell'universo. Questa è la natura innata di Amma".

Il secondo Congresso delle Religioni del Mondo 1993

Benchè nascano da sorgenti diverse, tutti i fiumi confluiscono nell'unico mare. O Signore, benchè diversi appaiano i sentieri seguiti dagli uomini, tutti conducono a Te.

—Atharva Veda

Lo spirito delle religioni è unico. Tutte le religioni condividono gli stessi valori fondamentali, rivelano la comune preoccupazione per il benessere universale di tutti gli esseri, nella considerazione dell'innata sacralità della vita.

Gli induisti considerano tutti gli esseri come divini, i cristiani predicano l'amore universale, gli scintoisti onorano la vita e i diritti di tutti, i jainisti ritengono che tutte le forme di vita siano collegate e mutualmente interconnesse, i sikh sostengono che il servizio agli altri è adorazione del Divino, il Corano afferma l'uguaglianza e l'unità del genere umano, e il Buddha dice che i caratteri distintivi di ogni vera religione sono la bontà, l'amore, la purezza e la gentilezza.

Eppure, nel corso della storia, più guerre si sono combattute e molto più sangue è stato versato in nome della religione che per qualunque altra causa.

Il primo Congresso delle Religioni del Mondo si tenne a Chicago nel 1893. Fu il primo sforzo comune per riportare le diverse religioni a un denominatore comune su cui le guide religiose e i rappresentanti di tutte le fedi potessero incontrarsi e dialogare. Durante quel primo Congresso, si discussero il tema della tolleranza e dell'armonia tra le religioni e i possibili modi di cooperazione per risolvere i gravi problemi che affliggono l'umanità.

Al Congresso delle Religioni del Mondo del 1893 parteciparono 400 delegati, tra uomini e donne, in rappresentanza di 41 tradizioni religiose. In quell'occasione, il Cattolicesimo e l'Ebraismo furono riconosciute tra le religioni più diffuse in America, e l'Induismo e il Buddhismo fecero la loro comparsa in Occidente. In quella stessa occasione, le ispirate parole di Swami Vivekananda portarono un ampio consenso all'antica cultura, alle filosofie e alle fedi dell'India.

Nel centenario del primo Congresso, si è tenuto a Chicago, dal 28 agosto al 4 settembre del

1993, il secondo Congresso delle Religioni del Mondo. I partecipanti sono stati oltre 6.500, in rappresentanza di 125 fedi. Tra di loro figuravano 600 guide spirituali di importanza mondiale.

A differenza di quanto dibattuto nel primo Congresso, l'accento è caduto più sul dialogo interreligioso che sugli interventi individuali, alla ricerca di un territorio comune a tutte le religioni. E' stata messa in luce la necessità di integrare la religione con la scienza, la spiritualità e gli aspetti pratici della vita quotidiana, e ai seguaci di tutte le fedi è stato rivolto l'invito a condividere con i meno fortunati la propria prosperità.

Se il primo Congresso aveva avuto come risultato il riconoscimento dei cattolici e degli ebrei tra le religioni presenti sul suolo americano e una stimolante conoscenza iniziale delle religioni orientali, il secondo Congresso ha segnalato il crescente riconoscimento e il sempre maggiore influsso anche delle altre tradizioni e fedi. Il Congresso ha fornito un chiaro esempio dell'emergere del pluralismo religioso.

Durante gli otto giorni dei lavori congressuali si sono svolti ottocento programmi, tra cui discorsi, seminari, dibattiti interreligiosi, sedute di meditazione e manifestazioni culturali. Sono state inoltre poste le basi per una partecipazione comune alle cerimonie e ai servizi religiosi.

Il Congresso ha affrontato molti dei gravi problemi che affliggono l'umanità. L'inquinamento ambientale, la minaccia nucleare, il divario sempre maggiore tra ricchi e poveri, il razzismo, l'oppressione e il cambiamento dei ruoli dell'uomo e della donna sono stati alcuni degli argomenti discussi.

Il vasto consenso suscitato dal secondo Congresso delle Religioni del Mondo è stato di per se stesso la prova del messaggio di armonia e cooperazione che costituisce il nucleo di tutte le religioni del mondo.

Il secondo Congresso ha compiuto un grande passo in direzione delle finalità all'ordine del giorno: *"Il secondo Congresso non persegue la sola finalità di rappresentare un evento fondamentale della storia del mondo, ma intende dare una voce nuova e una nuova dimensione al movimento interreligioso, verificare nuove strade verso la costruzione di una pace durevole e forgiare una nuova visione per il secolo entrante".*

Il comitato presidenziale

Un importante risultato del secondo Congresso è stata la costituzione di un gruppo composto dalle più influenti guide religiose mondiali, un Comitato di 25 presidenti in rappresentanza delle maggiori fedi del pianeta. Per tutto il periodo del Congresso, il Comitato si è incontrato in separata sede per discutere e proporre le soluzioni ai più gravi problemi mondiali, stendendo una dichiarazione per un'Etica Universale.

Si è stabilito che il Comitato svolga la funzione di una sorta di Nazioni Unite spirituali: nel caso che, in qualunque parte del globo, scoppi un conflitto causato da intolleranza religiosa, il Comitato si impegna a usare la propria influenza sociale e spirituale alla ricerca di una soluzione pacifica. Il Comitato si impegna a dimostrare al mondo che la religione può e deve essere fonte d'armonia, e non di conflitto.

La Divina Madre Amritanandamayi è stata nominata tra i tre presidenti rappresentativi della fede induista, assieme a Swami Chidananda Saraswati (presidente della Divine Faith Society) e Sivaya Subramuniya Swami (guida spirituale della Saiva Siddhanta Church e editore di "Hinduism Today").

Il Comitato dei presidenti, che rappresentano i vari sentieri spirituali, s'impegna non solo a propagare il dialogo interreligioso, ma a condurre l'umanità verso una nuova era di armonia e di pace.

Introduzione

Il 3 settembre 1993, in occasione del centenario del Congresso delle Religioni del Mondo, la Madre parlò dell'enorme bisogno di amore e compassione nel mondo attuale. Molto prima che arrivasse alla sala conferenze del Palmer House Hotel di Chicago, centinaia di persone la aspettavano in silenziosa attesa. Era una mescolanza di persone provenienti da tutte le parti del mondo per partecipare al Congresso. Molti indossavano gli abiti dei più diversi ordini monastici, altri i costumi etnici della nazione di origine, ma la grande maggioranza era in giacca e cravatta e non si differenziava dalla normale popolazione di Chicago. Tra la folla figuravano giornalisti, fotografi e cineoperatori, agenti del servizio d'ordine che faticavano a contenere la pressione della folla e, naturalmente, i devoti della Madre, sui cui volti splendeva la gioiosa attesa del suo arrivo. Molti rilevarono che nessun altro evento organizzato dal Congresso aveva attirato così tante persone.

L'atmosfera era satura di tranquilla attesa, mentre la sala conferenze già colma aspettava "uno dei più stimati maestri spirituali dell'India contemporanea".

La Madre arrivò vestita del suo tradizionale abito bianco, con una splendida ghirlanda di fiori dai vivaci colori. Come d'abitudine, s'inchinò a tutti i presenti e sedette sul sedile prediposto appositamente per lei. Chi avrebbe potuto immaginare che questa donna modesta, che s'inchinava umilmente davanti al protocollo ufficiale della sala conferenze del Palmer House Hotel, stesse per parlare in modo tanto meraviglioso del profondo desiderio di spiritualita nascosto in tutti i presenti!

Mentre si espletavano le formalità, la Madre conservava i suoi modi semplici e fanciulleschi. Prima di iniziare a parlare, disse che non era sua abitudine tenere discorsi e che avrebbe parlato di cose che facevano parte dell'esperienza della sua vita. Quindi cominciò il discorso, limpido e

Introduzione

luminoso come la ghirlanda che indossava, ogni punto perfettamente collegato al seguente.

Nel suo discorso, la Madre sottolineò la necessità e l'urgenza di riportare i principi religiosi nella vita quotidiana. "Il linguaggio della religione è il linguaggio dell'amore. Ma è un linguaggio che il mondo moderno ha dimenticato. Questa è la causa principale di tutti i problemi che oggi affliggono il mondo. Oggi conosciamo soltanto l'amore limitato, egoistico. La trasformazione di questo amore limitato nell'Amore Divino è lo scopo della religione. Nella pienezza del vero Amore, sboccia il meraviglioso fiore profumato della compassione". Questo fu il tema portante del discorso. Con la sua caratteristica semplicità e facilità di espressione, la Madre mise in luce il vero spirito della religione, spiegandone i principi imperituri con parole adatte al mondo moderno.

Per tutta la durata del discorso, la Madre sottolineò la necessità che la religione diventi un balsamo per l'umanità sofferente, invece che un terreno fertile per gli egoismi e le rivalità. Per un'ora intera i presenti ascoltarono affascinati, e alla fine del discorso vi fu un'ondata emotiva che vide giornalisti in lacrime e persone che non l'avevano mai conosciuta correre verso la Madre.

Nel suo modo impareggiabile, la Madre, dopo aver ottemperato all'ufficialità del discorso, stava ora dando il *darshan*.

Le persone le si affollavano intorno, come attirate da un calamita, desiderose di toccare lo spirito divino che le aveva così commosse ed ispirate. La Madre accolse quante più persone potè, abbracciandole amorevolmente una dopo l'altra, ma dopo mezz'ora dovette lasciare la sala per permettere lo svolgimento degli altri interventi in programma.

Con la sua sola presenza, la Madre aveva irradiato l'essenza delle parole, delle finalità, delle idee e delle intenzioni del Congresso delle Religioni del Mondo, rendendole vive.

John Ratz, incaricato delle pubbliche relazioni, riflettendo sull'impatto dei discorsi tenuti nelle varie sessioni del Congresso, fece questa illuminante osservazione: "Tutti gli oratori hanno parlato della religione e della spiritualità come se si trattasse di due argomenti diversi. Ma le vibranti parole di Amma sono andate diritte al cuore della religione e della spiritualità, cancellando le diversificazioni, superando la divisione e offrendo un'armoniosa fusione di entrambe, rivelando così la loro vera essenza. E' stato uno dei discorsi più vibranti e significativi".

La corrente del Gange

Il discorso di Amma è stato come la corrente del Gange. Dall'altissima vetta della trascendente beatitudine spirituale, Amma parlava conducendo i presenti a bere, a bagnarsi e a nuotare nella Coscienza infinita che straripava dalle sue splendide e irresistibili parole.

Mentre Amma, la reale incarnazione dell'Amore e della Compassione universali, parlava, una pace profondissima sembrava permeare la sala. Il suo discorso, intellettualmente preciso, ha rivelato nello stesso tempo un enorme potere risanante, producendo un meraviglioso effetto purificante.

La sala conferenze del Palmer House era stipata di persone di ogni genere che seguivano affascinate il discorso di Amma. Ma, quando il discorso terminò, i cuori traboccarono e tutti si precipitarono spontaneamente verso Amma per ricevere il suo *darshan*. Fu un momento intenso e indimenticabile.

—Swami Amritaswarupananda

Possano i vostri cuori fiorire

Discorso di Sri Mata Amritanandamayi

Saluto tutti voi che oggi siete qui, voi che siete l'incarnazione dell'Amore Supremo. Le parole non possono esprimere la gratitudine che Amma sente verso i generosi organizzatori che hanno donato il loro tempo e la loro energia per consentire lo svolgimento di questo Congresso altamente benefico. Pur vivendo in questo mondo così materialistico, essi si sono dedicati all'organizzazione di questo Congresso che è fondato sui confortanti e ispiranti valori della religione. Attraverso il duro lavoro e gli enormi sforzi, hanno dato un esempio di servizio altruistico di cui il mondo potrà potenzialmente beneficiare. Di fronte a tanta generosità la Madre non ha parole, e s'inchina umilmente.

Amma non è abituata a tenere discorsi, ma dirà qualche parola su ciò di cui ha fatto esperienza nella sua vita. Amma vi prega di perdonarla, se in ciò che dirà vi saranno degli errori.

La religione è la fede che culmina nel riconoscimento e nell'esperienza che noi stessi siamo Dio onnipotente. Condurre l'uomo alla realizzazione della sua natura divina, trasformare l'uomo in Dio, è lo scopo e il fine del *Sanatana Dharma*, la "Religione eterna" dell'India che viene popolarmente chiamata Induismo. In questo momento, il lago della vostra mente è agitato dalle onde dei pensieri. Quando queste onde si placano e si acquietano, il sostrato immobile che allora rifulge è l'essenza della religione, la base e lo scopo della filosofia Advaita (non dualità). Questo principio immobile e immutabile è il reale fondamento del Sanatana Dharma. La grande affermazione delle scritture, "Aham Brahmasmi" (io sono il Brahman, la Coscienza Assoluta), indica l'esperienza soggettiva del Sé non duale.

"Io sono induista", "io sono cristiano", "io sono musulmano", "io sono un'ingegnere", "io sono un medico": tutti dicono così. Ma quel principio privo di nome e di forma, che tutto pervade e che è comune a ogni 'io', è l'Atman (il Sè), il Brahman (l'Assoluto), o Isvara (Dio). Negare l'esistenza di Dio significa negare la nostra stessa esistenza. Equivarrebbe a usare la lingua per dire: "Io non ho nessuna lingua". Dio è presente in ognuno di noi, in tutti gli esseri, in tutte le cose. Dio è come lo spazio. Lo spazio è ovunque. L'intera creazione esiste nello spazio. Immaginiamo di costruire una casa: lo spazio esiste prima della sua costruzione, e la casa, dopo essere stata costruita, esiste in quello stesso spazio. Anche quando la casa viene demolita, lo spazio rimane lo stesso. Anche Dio è così. Esiste, immutabile, nel passato, nel presente e nel futuro.

Potreste domandarvi: "Se Dio pervade tutto, perchè non lo vedo?". Anche l'elettricità non si può vedere, ma infilate il dito in una presa e la sperimenterete. Anche Dio va sperimentato per essere conosciuto. Mettetevi dietro a un albero e provate a vedere il sole. Non lo vedrete. Potreste dire che l'albero ha coperto il sole, ma non è vero. Niente può nascondere il sole. E' la vostra visuale che è impedita: per questo non vedete il sole. Allo stesso modo, anche se Dio è dappertutto, la nostra limitata visione ci impedisce di vederlo.

L' abitudine all' "io" ed al "mio" ha limitato la nostra visione e chiuso la nostra mente.

Il Sanatana Dharma non ci chiede di credere in un Dio seduto su un trono d'oro, lassù sopra le nuvole. Dio non è un essere limitato, Dio pervade tutto, è onnipotente ed onnisciente. Dio è il Principio della Vita e la Luce della Coscienza dentro di noi. Dio, che è pura Beatitudine, è il nostro vero Sè.

La mente è la sola responsabile della schiavitù o della libertà dell'uomo. La religione è il principio che libera la mente dai più diversi pensieri ed emozioni, e dalla dipendenza dagli oggetti esterni. Essa aiuta la mente a raggiungere lo stato dell'eterna libertà e indipendenza. E' l'abitudine all' "io" ed al "mio" che ci rende dipendenti. La pratica della vera religione è il sentiero che conduce all'eliminazione dell'io.

Non possiamo aspettarci di trovare la felicità e la perfezione nel mondo. Eppure tutti lottano continuamente per cercarle proprio nel mondo. Tante donne vengono a dire ad Amma: "Amma, ho già quarant'anni e non sono ancora sposata. Non riesco a trovare l'uomo giusto". Anche gli uomini vengono a lamentarsi dicendo: "Amma, continuo a cercare la donna dei miei sogni, ma non riesco a trovarla". Hanno perso le speranze, sono scoraggiati. Questo fa venire in mente ad Amma una storia.

Due amici andarono a cena al ristorante. Uno disse che stava preparando le sue nozze, e invitò l'amico alla festa di fidanzamento. Gli chiese se anche lui pensasse di sposarsi. "Sì", rispose l'amico. "Avevo una gran voglia di sposarmi, e mi misi alla ricerca della moglie perfetta. Conobbi una donna in Spagna. Era bella, intelligente e spirituale, ma non aveva senso pratico. Perciò non potevo pensare di sposarla. In Corea conobbi un'altra donna. Era bella, intelligente, spirituale e dotata di senso pratico, ma non avevamo una lingua in comune. Così, continuai a cercare. Finalmente, in Afganistan, trovai la donna dei miei sogni. Era perfetta sotto tutti gli aspetti, e avevamo anche una lingua in comune". L'amico gli chiese ansiosamente: "E l'hai sposata?". "No", rispose l'altro. "Perchè no?". "Perchè anche lei cercava il marito perfetto".

Che cosa desiderano più ardentemente gli esseri umani? Desiderano pace e felicità. Corrono tutti di qua e di là alla ricerca della pace della mente, ma la pace e la serenità sono scomparse dalla faccia della terra. Ci gettiamo con passione nel mondo esterno e nelle ricchezze materiali, mentre il nostro regno interiore è diventato un inferno. Il mondo moderno offre tutte le possibili comodità. Abbiamo case e automobili con l'aria condizionata. Quante comodità abbiamo a nostra disposizione, e che peccato che le persone che ne godono non abbiano la pace della mente! Quante persone non riescono a dormire senza l'aiuto dei sonniferi! L'irrequietezza e la tensione della mente sono diventate così incontrollabili, così inesorabili, che nel cosiddetto lusso delle case ad aria condizionata avviene un numero impressionante di suicidi. Coloro che si danno tanto da fare per condizionare l'aria delle loro automobili e delle loro case, dovrebbero darsi un po' da fare per condizionare anche l'aria della propria mente. E' questo il mezzo per ottenere la felicità.

L' appagamento e la felicità dipendono esclusivamente dalla mente, e non dagli oggetti esterni o dalle circostanze. La felicità dipende solo dalla padronanza di sè. Il paradiso e l'inferno sono entrambi creati dalla mente. Anche il settimo cielo si trasforma in un inferno se la mente è agitata, mentre l'inferno più profondo può diventare un luogo di beatitudine per chi possiede una mente serena e in pace. La religione è la scienza che insegna a vivere una vita di felicità e di beatitudine, anche dimorando in questo vario mondo.

Il mondo moderno ha bisogno di fede e attenzione

Oggigiorno, la nostra fede è come un arto artificiale. Non ha vita. Non abbiamo un genuino contatto con la fede, perchè non è integrata nella nostra vita quotidiana.

La nostra è l'epoca della scienza. L' intelletto e la ragione sono spinti all'estremo. Eppure, curiosamente, le persone dall'intelletto più raffinato ripongono la loro fiducia e la loro fede nelle automobili, nei televisori, nelle case e nei computer: tutte cose che possono smettere di funzionare da un momento all'altro. Come siamo attaccati a questi oggetti e alle piccole comodità che ci offrono! Se si rompono, se si guastano, ci precipitiamo immediatamente a ripararle. E non capiamo che, in realtà, siamo noi che abbiamo bisogno di essere riparati. Perchè abbiamo perduto la fede in noi stessi. Abbiamo perso la fede nel cuore e nella sua tenerezza. Una persona che si mette con pazienza a riparare il suo computer o il suo televisore, non ha pazienza per sistemare ciò che è fuori quadro nella sua vita.

Le tenebre stanno lentamente avvolgendo il mondo. E' uno spettacolo doloroso quello che vediamo ovunque. Investendo tutta l'energia e la vitalità nell'inseguimento degli oggetti del piacere, la gente non ce la fa più. L'uomo si è spinto oltre i limiti dettati dalla natura. Ciò non significa che non si debbano godere le gioie del mondo. Vanno benissimo. Ma dovete capire questa grande verità: che la gioia e la felicità che si ricavano dai piaceri dei sensi e dagli oggetti materiali sono solo un piccolo riflesso della beatitudine infinita che scaturisce dal vostro vero Sè. La nostra vera natura è beatitudine. Come il giornale di oggi diventerà carta straccia domani, ciò che oggi ci dà piacere può facilmente diventare fonte di dolore domani. La religione ci insegna a riconoscere questa verità della vita in questo mondo.

Possiamo paragonare la mente ad un pendolo. Come l'incessante movimento del bilanciere di un orologio, il pendolo della mente oscilla senza sosta dalla felicità all'infelicità, e poi di nuovo nell'altro senso. Quando il bilanciere dell'orologio oscilla in una direzione, sta raccogliendo slancio per oscillare nella direzione opposta. Allo stesso modo, quando il pendolo della mente si muove verso la felicità, sta solo acquistando slancio per muoversi verso il polo opposto dell'infelicità. Sperimentiamo la vera pace e la vera felicità solo quando il pendolo della mente smette le sue oscillazioni. Da questa fermezza derivano pace e beatitudine. Questo stato di perfetta immobilità è l'essenza stessa della vita.

La religione ci invita a essere sempre attenti. Un uccello posato su un rametto è sempre consapevole del fatto che basta un minimo soffio di vento perchè il rametto sotto di lui si pieghi. Perciò l'uccello è sempre all'erta, pronto a levarsi in volo. Anche noi siamo posati sugli oggetti materiali, che possono rompersi da un momento all'altro. Molti controbattono: "Ci stai forse chiedendo di abbandonare il mondo e di stare con gli occhi chiusi in un luogo solitario senza fare più niente?". No, non si tratta di questo. Non siate pigri e indolenti, occupatevi dei vostri doveri nel mondo, svolgete il vostro lavoro. Il lavoro serve a guadagnare le ricchezze necessarie per godersi la vita, ma ricordate che acquisire, possedere e difendere è come conservare un pettine per una testa calva. In qualunque momento, in qualunque luogo, la morte è pronta a ghermirci, portandoci via tutto ciò che abbiamo. Nel momento della morte, dovremo abbandonare tutto. Niente e nessuno ci potrà aiutare. Per questo la religione ci dice: "Comprendete che lo scopo di questa preziosa vita non è solo il nutrimento del corpo, ma il raggiungimento dello stato di Perfezione".

Se viviamo conoscendo e comprendendo la natura effimera del mondo, possiamo amare teneramente la vita senza farci abbattere o scoraggiare dalle difficoltà. Se non sappiamo nuotare, siamo alla mercè del tempestoso oceano. La prima ondata ci ghermirà e ci trascinerà nell'abisso. Ma giocare con l'oceano è piacevolissimo per chi sa nuotare. Le onde non lo trascineranno di qua e di là.

Allo stesso modo, gli eventi mutevoli e contraddittori della vita sono un gioco delizioso se siamo consapevoli della sua natura di continuo cambiamento. Potremo accogliere con un sorriso le esperienze negative e positive della vita, sempre con mente equanime. Ma se siamo privi di questa consapevolezza, la vita è un peso intollerabile, colmo di dolore. I principi della religione ci danno la forza e il coraggio per affrontare le difficoltà della vita con mente calma ed equilibrata. La religione lastrica la strada verso un atteggiamento che accoglie la vita con gioia, entusiasmo e fiducia sempre maggiori. Per chi ha veramente assorbito i principi della religione, la vita è il gioco innocente di un bambino.

Il mondo moderno valuta i principi della religione attraverso le azioni di alcuni individui che dicono di agire in nome della religione. Così la religione viene giudicata in base agli errori di pochi. E' come gettare via il bambino con l'acqua sporca. E' come condannare i medici e le medicine a causa di una ricetta sbagliata. Le persone sono a volte buone e a volte cattive. Gli uomini sono deboli, e spesso mancano di discriminazione. E' sbagliato imputare alla religione gli errori e le debolezze degli uomini.

La vera attuazione dei principi della religione riempie la vita di forza e di vitalità. Senza la religione e la fede, questa vita è vuota. La bellezza e le gioie della vita diventano superficiali come uno splendido vestito addosso ad un cadavere. Senza la religione, la nostra mente è intorpidita e sterile. Se nella nostra vita c'è ancora un po' di bellezza, di entusiasmo e di armonia, è perchè gli uomini hanno assimilato anche solo in piccolissima parte la religione e la spiritualità.

Il declino della religione nel mondo contemporaneo

La religione nutre i principi che annullano l'egoismo e la ristrettezza mentale. Eppure, a causa di un'errata interpretazione, la religione diventa un fertile terreno per queste qualità negative. Come prodotto dell'egoismo, della ristrettezza mentale e della competizione, nascono i conflitti. I dissidi nascono perchè gli uomini non hanno assimilato l'essenza della religione.

Gli uomini sono pronti a morire a migliaia per la loro religione, ma nessuno è disposto a metterne in pratica i principi. Non capiamo che la religione è qualcosa che va vissuto. Dimentichiamo che va applicata e messa in pratica nella nostra vita di ogni giorno.

"La mia religione è la migliore, la mia religione è la più grande", dice uno. "No, è la mia religione la migliore e la più grande", dice un altro. E così lo schiamazzo continua. A causa di questa visione ristretta e dell'invidia umana, la vera essenza e il vero messaggio della religione vanno perduti.

Pensando agli odierni dissidi tra le religioni, ad Amma viene in mente una storia. Due malati erano ricoverati in due corsie diverse dello stesso ospedale, vegliati dalle rispettive famiglie. Erano entrambi molto gravi, e urlavano per il dolore. Accadde che due parenti dei due malati andassero nello stesso momento a cercare urgentemente una medicina. Di ritorno, s'incontrarono su una porta che permetteva il passaggio di una sola persona alla volta. Tutti e due volevano passare per primi, e nessuno intendeva cedere il passo all'altro. Dato che entrambi pretendevano di passare per primi, ne derivò un diverbio. Mentre i due malati urlavano per il male, i due parenti stavano lì a litigare, ognuno con la medicina in mano. Vediamo spesso i seguaci di religioni diverse comportarsi esattamente come i due parenti. Accecati dalle insegne esteriori delle rispettive fedi, non ne colgono lo spirito e la vera essenza. Invece di elevarsi verso Dio, si fanno trascinare in basso in nome della loro religione.

Ecco a cosa si è ridotta la religione nell'epoca attuale. A causa della rigidità e dell'arroganza del loro atteggiamento competitivo, gli uomini non conoscono più la tolleranza e la pazienza, hanno perso la capacità di amare.

In una famiglia, è probabile che non tutti i componenti abbiano lo stesso carattere e lo stesso grado di intelligenza. Può darsi che un membro della famiglia parli e agisca avventatamente, o che abbia un carattere iroso, mettendo così in tensione tutta la casa. Ma è anche possibile che nella stessa famiglia ci sia un membro che per natura è calmo e sereno. Forse è una persona dotata di umiltà, comprensione e chiarezza di visione. Vi chiedo: quale dei due mantiene l'armonia e l'unità della famiglia? Senza starci troppo a pensare, possiamo rispondere facilmente che sono le qualità dell'umiltà, della bontà e della comprensione che mantengono unita la famiglia. L'irosità e l'avventatezza di un membro sono controbilanciate dalla calma, dall'umiltà e dalla sensibilità dell'altro. Se fossero prevalse l'irosità e la sventatezza, la famiglia si sarebbe spezzata già da molto tempo. Allo stesso modo, anche se il mondo moderno si trova ad affrontare una grave minaccia, sono la pazienza, l'amore, la compassione, l'altruismo e l'umiltà dei *Mahatma* (Grandi Anime), che mantengono e preservano l'armonia e l'unità del mondo. Le tenebre della nostra epoca potrebbero venire completamente eliminate se, in ogni famiglia, anche solo un membro abbracciasse e seguisse i principi fondamentali della vera religione.

Se abbiamo assimilato realmente lo spirito della religione, il dolore e la sofferenza degli altri diventano i nostri. Nasce la compassione, e diventiamo capaci di condividere il dolore e la sofferenza degli altri.

Amma vi racconterà una storia. Un uomo era malato di cancro. Il dolore lo faceva urlare. Era così povero che non poteva permettersi di comprare delle medicine per calmare quel dolore così straziante. Nell'appartamento accanto, il suo vicino si dava ai piaceri più sfrenati: alcol, droghe e donne. Se avesse usato il denaro, che gettava solo per distruggere se stesso, per aiutare il vicino, avrebbe potuto alleviarne la sofferenza. Inoltre, avrebbe messo fine alle sue tendenze egoistiche e autodistruttive. Provare compassione per i poveri ed i sofferenti è nostro dovere verso Dio. Perchè solo l'amore, la compassione e la sensibilità per gli altri possono portare l'armonia nel mondo.

Se ci ficchiamo sbadatamente un dito nell'occhio, puniremo il dito? No, cercheremo di lenire il dolore. Perchè non puniamo il dito? Perchè consideriamo tanto l'occhio che il dito come parti di noi. Vediamo noi stessi nell'occhio, ma anche nel dito. Allo stesso modo, dobbiamo riuscire a vedere noi stessi, il nostro vero Sè, in tutti gli esseri. Se ci riusciamo, potremo perdonare facilmente gli errori degli altri. Amare e perdonare gli altri, vedere noi stessi in loro, considerare i loro sbagli come i nostri, ecco lo spirito della vera religione.

Dio è bellezza, splendore e perfezione. Se avesse anche un profumo, quanto maggiori sarebbero il suo incanto e il suo fascino! Così, la meditazione e le pratiche religiose o spirituali sono molto preziose. Ma se, oltre alla meditazione o alle osservanze del culto, osservassimo anche la compassione per i nostri simili, saremmo come oro profumato, qualcosa di veramente unico e speciale.

La religione è il segreto della vita. Ci insegna ad amare, a servire, a perdonare, a tollerare e a interagire con i nostri fratelli e sorelle con sensibilità e compassione. L'Advaita (non dualità) è l'esperienza della pura soggettività, e nella vita quotidiana si esprime come amore e compassione. Questa è la grande lezione insegnata dai grandi santi e saggi dell'India, gli esponenti del Sanatana Dharma.

Il ruolo dell'amore e della compassione nella religione

La vera religione è una lingua che l'uomo moderno ha dimenticato. Abbiamo dimenticato l'amore, la compassione e la reciproca comprensione insegnati dalla religione. La causa principale di tutti i problemi del mondo moderno è la mancanza di amore e compassione. Tutto il caos e la confusione che dominano la vita degli individui, che dominano le nazioni e il mondo intero, sono causati dal fatto che non seguiamo i veri principi religiosi nella nostra vita di tutti i giorni. La religione deve diventare parte integrante della vita. La religione ha bisogno di essere rivivificata, ha bisogno di nuova vita, di nuova linfa. Solo allora l'amore e la compassione sorgeranno in noi. Solo l'amore e la compassione potranno spazzare via le tenebre, portando al mondo luce e purezza.

Quando l'amore diventa Amore Divino, il cuore si riempie di compassione. L'amore è un sentimento interiore, e la compassione è la sua manifestazione esterna. La compassione esprime il nostro sincero prenderci a cuore un essere umano che soffre.

C'è l'amore e l'Amore. Voi amate la vostra famiglia, ma non amate i vostri vicini. Amate vostro figlio o vostra figlia, ma non amate tutti i bambini. Amate vostro padre e vostra madre, ma non amate tutti con lo stesso amore che portate ai vostri genitori. Amate la vostra religione, ma non amate tutte le religioni. Forse disprezzate addirittura i seguaci di un'altra fede. Amate il vostro paese, ma non amate tutti i paesi del mondo allo stesso modo, anzi forse provate ostilità per altri popoli. Questo non è vero Amore, e solo amore parziale. La trasformazione di un amore limitato in Amore Divino è il fine della spiritualità. Nella pienezza del vero Amore sboccia il meraviglioso fiore profumato della compassione.

Quando scompaiono gli ostacoli rappresentati dall'io, dalla paura e dal percepire gli altri come altri, non si può far altro che Amare. L'Amore non si aspetta niente in cambio. Non vi preoccupate di ricevere qualcosa in riscontro: il vostro Amore fluisce e basta. Tutto ciò che entra in questo fiume d'Amore ne viene bagnato: sani e malati, ricchi e poveri, uomini e donne. Tutti possono venire a bagnarsi quante volte vogliono in questo fiume d'Amore. E se qualcuno viene a bagnarsi e qualcun altro no, il fiume d'Amore non se ne dà pensiero. Se qualcuno lo critica o lo sfrutta, il fiume d'Amore non se ne cura. Semplicemente, scorre. Quando l'Amore trabocca, impregnando ogni nostra parola e ogni nostra azione, la chiamiamo "compassione". Questo è lo scopo della religione. Una persona colma d'Amore e compassione ha realizzato i veri principi della religione. Una persona compassionevole non vede gli errori degli altri, non ne vede le debolezze, non fa distinzioni tra buoni e cattivi. Una persona colma d'Amore e compassione non può tracciare una linea divisoria tra due nazioni, due fedi o due religioni. Non ha più io, e quindi non ha più paura, interessi privati o rivalità. Egli perdona e dimentica, semplicemente. La compassione è come una porta aperta. Tutto ci passa, ma niente può restarci, perchè dove ci sono Amore e compassione veri non c'è attaccamento. La compassione è Amore espresso in tutta la sua pienezza.

Vedere e sentire la vita in ogni cosa è Amore. Quando l'Amore gonfia il cuore, si sente la vita pulsare in tutta la creazione. "La Vita è Amore": ecco la lezione della religione. Qui c'è vita, là c'è vita, ovunque c'è vita. Tutto ciò che c'è, è vita. Quindi, tutto ciò che c'è è Amore. Dove c'è vita là c'è Amore, e viceversa. Vita e Amore non sono cose diverse: sono un'unica cosa. Finchè non nascerà questa comprensione, continuerà a prevalere l'ignoranza che le considera due cose diverse. Finchè non sboccia la Comprensione, permarrà la divisione tra l'intelletto e il cuore. L'intelletto da solo non basta. Per arrivare alla Perfezione, per giungere alla pienezza della vita, bisogna che il cuore sia colmo d'Amore e compassione. Questa Comprensione è l'unico scopo della religione e delle pratiche religiose.

La nostra è l'epoca dell'intelletto e della ragione, l'epoca della scienza. Abbiamo dimenticato i sentimenti del cuore. Nella lingua inglese, "innamorarsi" si dice *cadere in amore* [to fall in love]. E' proprio così: siamo caduti in un amore radicato nell'egoismo e nel materialismo. E perciò non siamo più capaci di elevarci nell'amore, di risvegliarci all'Amore. Se proprio dobbiamo cadere, cadiamo almeno dalla testa al cuore. Elevarci nell'Amore: questa è la religione.

Ripristinare l'equilibrio naturale

La vera religione ci dice che tutta la creazione è una manifestazione di Dio. Perciò dobbiamo amare e aver cura non solo dei nostri simili, ma anche della natura. Le scritture dicono "Isavasyamidam Sarvam": tutto è permeato dalla coscienza divina. La terra, i vegetali e gli animali sono tutte manifestazioni di Dio. Dobbiamo amare la natura come amiamo il nostro vero Sè. Anzi, dobbiamo amarla molto più di noi stessi, perchè l'umanità esiste solo grazie alla natura. Si dice che dovremmo piantare due alberi per ogni albero che abbattiamo. Ma sostituire un grande albero con due pianticelle non basta per ristabilire l'equilibrio naturale. Se il disinfettante che versiamo nell'acqua non raggiunge le dosi giuste, non avrà quasi effetto. Se una medicina ayurvedica che richiede dieci ingredienti ne contiene soltanto otto, non produrrà gli effetti desiderati. Gli animali e le piante contribuiscono all'equilibrio della natura. E' un preciso dovere dell'uomo difenderli e proteggerli, perchè non sono in grado di difendersi da soli. Se continuiamo a distruggerli, provochiamo un danno immenso al mondo.

La Madre si ricorda che nella Sua fanciullezza veniva applicato un po' di sterco di vacca direttamente sulla vaccinazione per prevenire l'infezione. Oggi, una cosa del genere farebbe immediatamente infiammare la ferita. A causa dell'inquinamento ambientale il nostro sistema immunitario si è indebolito, e anche lo sterco di vacca è diventato tossico.

Un tempo la vita di un uomo si aggirava attorno ai cent'anni. Oggi è molto più breve, e diminuisce sempre di più. Sono pochi quelli che superano il secolo di vita, e in genere ci si arriva con scarsa salute e molta sofferenza. Assistiamo a una crescita delle malattie incurabili, a causa delle troppe violazioni delle leggi della natura.

Quanto inquinamento è prodotto dal fumo delle fabbriche? La Madre non sta suggerendo di chiudere le fabbriche. Sta solo dicendo che parte dei guadagni andrebbero usati per studiare metodi per ridurre l'inquinamento, e in questo modo salvaguardare l'ambiente e riportarlo alla vita.

Nei tempi andati, la pioggia e il sole governavano da soli il ciclo della crescita e del raccolto. Non c'era bisogno di irrigazione artificiale, perchè la natura si prendeva cura di tutto. Oggi ci siamo allontanati dal sentiero del *dharma* (retta azione). Non abbiamo più a cuore la natura, e la natura si ribella. Quella che un tempo era una fresca brezza che accarezzava l'umanità, è diventata un ciclone devastante.

Qualcuno può dubitare che si possa ripristinare il perduto equilibrio naturale. Forse qualcuno pensa: "Non siamo troppo limitati per riuscirci?". No, non lo siamo! Dentro di noi abbiamo un potere immenso, ma siamo addormentati e inconsapevoli della nostra stessa forza. Questo potere si risveglia quando ci risvegliamo interiormente. La religione è il grande segreto della vita che ci consente di risvegliarci al nostro potere interiore, sconfinato ma ancora dormiente.

Il Sanatana Dharma afferma: "Uomo, tu non sei affatto un'esile candela, non hai bisogno di derivare la tua luce da qualcos'altro. Tu sei il sole che brilla di luce propria". Finchè penserete di essere un corpo, sarete come una piccola batteria che si scarica in breve tempo. Ma quando vi riconoscete come l'Atman, sarete come un'immensa batteria collegata all'energia dell'universo, che vi darà una forza continua e inesauribile. Se siete collegati a Dio, al Sè, alla Fonte di ogni potere, la vostra energia non finirà mai. Potrete attingere alla vostra infinita potenzialità. Siate consapevoli del vostro immenso potere, della vostra immensa forza. Non siete un debole agnellino: siete un maestoso, possente leone. Voi siete l'energia cosmica, il Dio onnipotente.

Ai bambini si insegna con l'esempio

Amma ha sentito dire che molti ragazzi in Occidente vanno a scuola armati. Le hanno detto che sono capaci di uccidere senza nessuna ragione. Vi siete mai chiesti perchè dei ragazzi siano attratti da tanta brutalità? Il motivo è che non gli è stato insegnato il giusto comportamento. Non hanno mai ricevuto vero amore e compassione. Tanti ragazzi e ragazze vengono a dire ad Amma: "Mia madre non mi ha mai dato amore. I miei genitori non mi hanno mai insegnato il giusto comportamento. Ho visto mamma e papà litigare proprio davanti ai miei occhi. Vedendo tanti litigi e tanto egoismo, ho cominciato a odiare il mondo. Sono diventato disobbediente ed egoista anch'io". Proprio i genitori, da cui i figli dovrebbero ricevere i primi rudimenti dell'amore e della pazienza, mancano nel dare l'esempio. Amma supplica i genitori di inondare i figli d'amore e d'affetto, soprattutto nei primi anni. Non lasciate da soli i bambini nella culla. Le madri li tengano sempre vicini a sè, e li allattino al seno con amore e tenerezza. Poi, durante il periodo dell'apprendimento, insegnate ai bambini i principi religiosi e morali. I genitori non litighino e non si lascino andare alla rabbia o all'odio sotto gli occhi dei bambini. Se lo fanno, come impareranno i loro figli la pazienza e l'amore?

Se camminate in un prato di erba tenera e verde traccerete automaticamente un sentiero, a differenza di una collina sassosa che richiede innumerevoli viaggi su e giù per tracciare una via. Il carattere di un bambino viene modellato con la stessa facilità dell'erba. I bambini hanno bisogno di cure amorevoli, ma nello stesso tempo non dimenticate di disciplinarli. Riversate in loro la fede in Dio e l'amore per tutta la creazione. E questo è possibile solo attraverso un'appropriata educazione religiosa.

Bambini miei, in questo mondo il nostro compito e il nostro impegno più importanti sono quelli di aiutare i nostri simili. Dio non ha bisogno di niente da noi. Egli è sempre completo. Pensare che Dio abbia bisogno di noi è come tenere una candela accesa davanti al sole per illuminargli il cammino. Dio è il nostro protettore, e non colui che ha bisogno della nostra protezione. A un fiume non serve l'acqua di una pozza stagnante. Al contrario, è la pozza stagnante che ha bisogno dell'acqua del fiume per poter diventare chiara e trasparente. Oggi la nostra mente è piena di impurità, come una pozza paludosa. Abbiamo bisogno della Grazia di Dio per purificarci ed elevarci, così da poter amare e servire altruisticamente il mondo.

Esprimere compassione per l'umanità sofferente è il nostro obbligo verso Dio. La nostra ricerca spirituale deve cominciare dal servizio altruistico al mondo. Rimarrete molto delusi se vi sedete in meditazione aspettando che si apra il terzo occhio dopo aver chiuso gli altri due. Non accadrà. Non possiamo chiudere gli occhi davanti al mondo in nome della spiritualità e aspettarci di crescere. Vedere l'unità guardando il mondo con gli occhi bene aperti è la Realizzazione Spirituale.

Quando un fiore non si è ancora aperto, quando è ancora in boccio, non manifesta la sua bellezza ed il suo profumo. Nessuno può apprezzarlo nè goderlo. Ma quando il fiore fiorisce, quando si apre nello splendore della sua forma e dei suoi colori, quando il suo profumo si espande nell'aria, dona gioia e felicità tutto intorno a sè. I fiori dei nostri cuori non si sono ancora aperti. Sono ancora teneri boccioli. Ma se li nutriamo con la fede in Dio, con l'amore e la compassione, e con l'adesione ai principi della religione, i boccioli dei nostri cuori si apriranno. Manifestando la loro bellezza e diffondendo il loro profumo, diventeranno una benedizione per il mondo.

La religione non è rinchiusa nelle sacre scritture. E' un modo di vivere. La sua bellezza e il suo incanto si manifestano nell'amore e nella compassione di coloro che vivono in armonia con i suoi precetti. Tutto ciò che Amma vi ha detto, è come l'etichetta su un boccettino di medicinale.

Leggere l'etichetta non basta. Bisogna prendere la medicina. Non potete gustare la dolcezza del miele leccando un pezzo di carta su cui è scritta la parola 'miele'. Allo stesso modo, i principi esposti nelle scritture devono essere capiti, meditati e poi messi in pratica. Prendiamo tutti rifugio ai piedi del Signore, e preghiamo di poter ottenere lo stato della Perfezione.

La meravigliosa eredità del Sanatana Dharma

Il seguente discorso è stato tenuto dalla Divina Madre ad un'assemblea di guide spirituali e personalità religiose, la mattina del 4 settembre 1993, quando l'Hindu Host Committee le rese omaggio eleggendola tra i tre presidenti rappresentanti della fede induista.

I grandi santi e saggi dell'India che sono gli esponenti del Sanatana Dharma non hanno mai fatto affermazioni. Perennemente dimoranti nello stato supremo della perfetta completezza, conoscevano la difficoltà di comunicare a parole l'esperienza dell'infinita Verità Suprema. Sapevano che i limiti del linguaggio non consentono di trasmettere un'immagine esatta della Verità. Perciò questi grandi preferivano rimanere in silenzio. Eppure, per compassione di quanti, brancolando nel buio, erano alla ricerca di Dio, parlarono. Prima di parlare, pregavano così:

> *Oh Supremo Sè, possa la mia parola essere radicata nella mia mente, e possa la mia mente essere radicata nella mia parola.*

Pregavano il Supremo Brahman: "Ora esporrò in parole la mia esperienza della Verità. La mia esperienza della Verità Infinita è così totale che le parole non possono esprimerla. Ma tenterò ugualmente. Mentre parlerò, concedimi la capacità di esprimere e di comunicare l'essenza della Verità attraverso le mie parole. Fa' che io non distorga la Verità'".

E' dovere di tutti noi trasmettere al mondo la grande esperienza dei santi e dei saggi. E' fondamentale rispettare i sentimenti e la fede dei seguaci delle altre religioni. Ma, nello stesso tempo, dobbiamo far sapere che l'eterno Sanatana Dharma non è proprietà solo di alcuni individui: è l'esperienza della pura soggettività, di enorme importanza per tutti gli esseri umani. Ogni uomo è l'incarnazione di questa grande Verità.

Il Sanatana Dharma non appartiene a nessuna casta particolare, a nessun credo e a nessuna scuola. Il mondo deve conoscerlo. Il Sanatana Dharma è davvero una fonte immensa di forza e d'ispirazione per tutto il genere umano. Perciò i suoi seguaci devono lavorare per la pace e l'armonia di tutto il mondo. Solo così il *sankalpa* (la decisione) dei Rishi può diventare realtà.

I Rishi non hanno mai dato vita a una religione separata. Essi hanno sempre assegnato importanza alle diverse nature umane e alle diverse fedi religiose. Per questo le loro preghiere, come quella che segue, includevano l'intero universo:

Om lokah samastha sukhino bhavantu
Possa il mondo intero essere felice

Om sarvesham svastir bhavatu
Sarvesham shantir bhavatu
Sarvesham purnam bhavatu
Sarvesham mangalam bhavatu
Om shanti shanti shantih
Possa la prosperità prevalere in tutti
Possa la pace prevalere in tutti
Possa la perfezione prevalere in tutti
Possa ciò che è propizio prevalere in tutti
Pace pace pace...

Una volta, un *sannyasin* fu chiamato da un vedovo perchè pregasse per la pace dell'anima della moglie defunta. Il sannyasin iniziò a pregare: "Che tutti siano felici, che nessuno soffra, che la prosperità permei l'intero universo, che tutti raggiungano la perfezione...". Udendo ciò, il vedovo si rabbuiò e disse al sannyasin: "Swami, ti ho chiesto di pregare per l'anima di mia moglie, ma non ti ho udito pronunciare il suo nome neppure una volta". Lo swami rispose: "Perdonami, ma non posso pregare nel modo in cui mi chiedi. La mia fede e il mio guru mi hanno insegnato a pregare per tutti, per l'intero universo. In verità, solo pregando per il bene di tutto il mondo ne beneficerà l'individuo. Se annaffi solo i rami di un albero, sarà acqua sprecata. Solo annaffiando le radici, il nutrimento raggiungerà i rami e le foglie. Solo se prego per tutti, tua moglie ne godrà i risultati. E solo allora la sua anima troverà la pace. Non posso pregare in modo diverso". Lo swami era stato molto persuasivo, e al vedovo non restò che accettare. Ma aggiunse: "Va bene, prega come vuoi. Ma, almeno, escludi dalle tue preghiere il mio vicino". Anche noi facciamo così. Abbiamo perso la capacità e la volontà di condividere.

Quando finì la guerra fredda tra l'Unione Sovietica e gli Stati Uniti, il mondo tirò un respiro di sollievo. Con l'impegno a mettere fine alle ostilità, la minaccia nucleare che incombeva sul mondo era finita.

Oggi, intere famiglie che erano state separate dalle barriere artificiali di differenti ideologie politiche si sono potute riunire nello spirito d'amore che le aveva sempre tenute unite.

Certo, ci sono ancora fabbricanti di armi, persone interessate soltanto al proprio vantaggio personale.

L'unico scopo della natura è di proteggere la creazione. Dobbiamo avere fede in ciò. Dobbiamo cercare modi pacifici per guadagnarci la vita, invece di distruggerci a vicenda all'unico fine di mantenere la nostra superiorità.

Andare in chiesa, al tempio o alla moschea per il culto non è la completezza della religione o della devozione. Dobbiamo riuscire a vedere Dio, il Sè, dentro di noi e dentro tutti gli esseri.

Il ventunesimo secolo è alle porte. Qui, in questo preciso momento, supplico i sannyasin, le guide spirituali e il comitato dei rappresentanti dell'Induismo, che hanno lavorato con tanto impegno per consentire lo svolgimento del Congresso delle Religioni del Mondo, di pronunciare, anche solo mentalmente, il seguente impegno:

> "In ogni luogo e in ogni momento mi dedicherò con impegno alla pace e all'armonia di tutto il mondo, e ad alleviare le sofferenze dell'umanità. Così il grande sankalpa del Sanatana Dharma diventerà una realtà vivente. Mi impegno a trasmettere questa grande Verità, e i principi fondamentali della vita, a tutti i giovani. Essi sono le future generazioni in boccio, pronte ad aprirsi per diventare il profumo del mondo."

Il messaggio del Sanatana Dharma

Il seguente intervento fu inviato dalla Divina Madre per essere inserito nel documento "Riflessioni sull'Induismo", pubblicato dall'Hindu Host Committee per commemorare il Congresso delle Religioni del Mondo del 1993.

La religione offre ciò che il mondo non potrà mai dare. Che cosa desidera più ardentemente l'uomo? Che cosa manca soprattutto nel mondo? Non è forse la pace? In nessun luogo c'è pace, nè dentro nè fuori. Per vivere pienamente la vita, abbiamo bisogno di pace e di amore. La pace non si ottiene attraverso l'appagamento dei desideri, perchè finchè ci sarà la mente ci saranno desideri, e il problema sarà sempre uguale. La pace nasce quando tutti i pensieri si placano e la mente è trascesa.

In questo stato trascendente, in cui l'io individuale si fonde con la coscienza infinita, il mondo concettuale dei nomi e delle forme cessa di esistere. Questo è il nucleo della filosofia induista Advaita (non dualità). Si, l'uomo può raggiungere lo stato della Perfezione ultima, perchè è la sua vera natura. Perchè allora non conosciamo questa verità? Perchè siamo ossessivamente attaccati agli oggetti esterni del mondo. L'ignoranza circa la nostra vera natura può essere dissipata soltanto dalla vera conoscenza. C'è un solo modo per portare alla luce questa pura conoscenza: seguire le pratiche spirituali sotto la guida di un Perfetto Maestro che sia perennemente radicato in questo stato trascendente di pace e beatitudine.

Una persona in pace è rilassata. La sua vita è equilibrata. Non è mai ansioso, mai agitato. Non si cruccia per il passato. Grazie alla sua visione chiara, affronta ogni circostanza della vita con calma e intelligenza. La sua mente e la sua visione non sono oscurate da pensieri inutili. Una persona in pace incontrerà le sue difficoltà, alla stessa stregua di tutti, ma le affronterà in modo completamente diverso. Sarà diverso il suo atteggiamento. Tutto ciò che fa avrà un fascino e una bellezza speciali. Anche nelle situazioni più difficili rimarrà imperturbabile.

La mente ha la natura di vacillare. Come il bilanciere di un orologio, la mente oscilla sempre in una direzione e nell'altra. Questo movimento non smette mai. La mente cambia senza posa: adesso ama, un momento dopo odia. Ora vuole una cosa, e il momento dopo non la vuole più. Il pendolo della mente oscilla in continuazione tra l'avversione e il desiderio. Non si ferma mai. Non può stare fermo. E' a causa del continuo movimento della mente che non riusciamo a vedere il sostrato stabile e immutabile dell'esistenza, che è la vera natura di tutte le cose. Il moto della mente crea onde su onde, e queste onde, queste increspature che sono i pensieri, nascondono tutto il resto.

Qualunque pensiero, qualunque eruzione emotiva e qualunque desiderio è come un sasso gettato nel lago della mente. I pensieri sono come le increspature che si producono alla superficie dell'acqua. La superficie agitata impedisce di vedere in profondità nell'acqua. Voi non lasciate mai la mente tranquilla. C'è sempre il desiderio per qualcosa, c'è sempre rabbia, invidia, amore o odio. E se nel momento presente non succede niente, s'intrufolano i ricordi del passato. Dolci ricordi, ricordi amari, momenti belli, rimorsi, vendette... c'è sempre qualcosa. Poi il ricordo se ne va, e arriva il futuro con tutte le sue promesse e i suoi sogni. Così la mente è sempre impegnata, sempre occupata, e non è mai tranquilla.

Voi vedete solo la superficie. Percepite soltanto le onde che si producono alla superficie. E poichè la superficie è agitata, pensate erroneamente che anche il fondale si muova. Invece il fondale è fermo. Non si può muovere. Voi attribuite il moto della superficie, le increspature dei pensieri e delle emozioni, al fondale che è il sostrato immobile. Il movimento causato dalle onde dei pensieri appartiene solo alla superficie, appartiene solo alla mente. Per poter vedere il sostrato immobile, la superficie deve rimanere tranquilla e silenziosa. Le onde devono smettere di correre. Le oscillazioni del pendolo della mente devono arrestarsi. Raggiungere questo stato di pace e immobilità è il fine ultimo della religione.

Una volta che la superficie è ferma, potete vedervi attraverso. Allora non vedrete più immagini deformate. Vedrete il vero sostrato dell'esistenza, vedrete la Verità. Tutti i vostri dubbi svaniranno.

Capirete che fino a quel momento avete visto solo ombre e nuvole. La religione ha lo scopo di aiutarvi a vedere la vera natura di tutte le cose, dimorando costantemente nel profondo del vostro vero Sè. In quello stato tutte le differenze svaniscono, e vedrete il vostro vero Sè splendere in tutte le cose.

In chi ha conosciuto la Verità nasce Amore per tutta l'umanità. Nella pienezza del Divino Amore fiorisce il meraviglioso fiore profumato della compassione. La compassione non vede gli errori degli altri, non ne vede le debolezze, non fa distinzioni tra buoni e cattivi. La compassione non può tracciare una linea divisoria tra due nazioni, due fedi o due religioni. La compassione non ha io, e quindi non ha paura, interessi privati o rivalità. La compassione perdona e dimentica, semplicemente. La compassione è come una porta aperta. Tutto ci passa, ma niente può restarci. La compassione è Amore espresso in tutta la sua pienezza.

Dio è Amore, la forza vitale che regge tutta la creazione. Non c'è nessuna religione che non consideri l'amore per tutti gli esseri come la qualità suprema. Se le religioni seguissero realmente il principio dell'Amore, le attuali differenze tra le varie religioni diventerebbero insignificanti. Dio chiede amore, fraternità e cooperazione ai suoi figli. Ma, attaccandosi alle differenze superficiali, gli uomini lastricano la via che conduce alla loro stessa distruzione.

La religione deve far splendere la luce dell'Amore e della Verità sull'umanità. La religione non può alimentare la divisione. C'è una sola Verità Suprema che risplende in tutte le religioni. Considerare le religioni in questo modo ci avvicina di più alla Verità Suprema, favorisce la comprensione reciproca e conduce l'umanità verso la pace.

Quanto a lungo vivremo in questo mondo? Nessuno vivrà per sempre. Tutto ciò che riteniamo un nostro possesso è impermanente. Quindi, è saggio sprecare la vita divina che abbiamo ricevuto per inseguire beni di breve durata? I grandi maestri di tutte le religioni affermano inequivocabilmente che esiste un sostrato immutabile al di sotto di questo mondo in continuo cambiamento. Attraverso la realizzazione di questa Verità si perviene all'immortalità. Questo è il vero scopo della vita.

Le religioni dovrebbero stimolare a coltivare il forte desiderio di trovare la vita eterna, su una solida base di amore e di pace. Questo è il massimo servizio che la religione offre all'umanità. L'amore reciproco e la cooperazione tra le religioni dovrebbero rivestire un'importanza primaria per il mondo. Possano l'amore, la pace, la cooperazione e la non-violenza essere i fari che illuminano l'ingresso nel ventunesimo secolo.

Questo è il messaggio che i grandi santi e saggi dell'India, e la religione eterna dell'Induismo (Sanatana Dharma), offrono al mondo intero.

Verso un'etica globale

Quello che segue è l'inizio del documento per la Proclamazione di un'Etica Globale, un appello ai valori universali, alla giustizia e alla compassione, firmata dalla maggioranza delle guide spirituali intervenute al Congresso delle Religioni del Mondo.

Il mondo soffre. Il dolore è così universale e così incombente che dobbiamo denunciare le sue varie forme perchè l'immensità della sofferenza non resti ignorata. La pace ci sfugge, stiamo distruggendo il pianeta, i vicini hanno paura dei vicini, donne e uomini vengono divisi a forza, i bambini muoiono.

E' orribile! Noi condanniamo le violenze all'ecosistema del nostro pianeta. Condanniamo la povertà che soffoca le possibilità di vita, la fame che prostra l'organismo dell'uomo, le sperequazioni economiche che gettano tante famiglie nella miseria. Condanniamo il disordine sociale delle nazioni, lo sprezzo della giustizia che spinge tanti cittadini ai margini della società, l'anarchia che si sta impossessando delle nostre comunità, l'assurda morte per violenza dei bambini. In modo particolare, condanniamo l'aggressione e l'odio in nome della religione.

Questo scempio deve finire. Non ha motivo di essere, perchè esiste un'etica. L'etica rende possibile individui migliori e un ordine globale migliore, salva gli individui dalla disperazione e allontana le società dal caos. Noi siamo uomini e donne che hanno abbracciato i precetti e le pratiche religiose. Affermiamo che una scala comune di valori fondamentali è presente negli insegnamenti delle religioni, valori che costituiscono la base di un'etica globale. Affermiamo che è una verità riconosciuta, ma che deve ancora venire vissuta nei cuori e messa in pratica nelle azioni. Affermiamo l'esistenza di una norma irrevocabile ed incondizionata per tutti i rami della vita, per le famiglie e le comunità', le razze, le nazioni e le religioni. Esistono antichi modelli di condotta trasmessi dalle religioni, che indicano le condizioni per un ordine mondiale giusto.

Siamo interdipendenti. Ognuno di noi dipende dal benessere della globalità, e per questo motivo rispettiamo la comunità degli esseri viventi, uomini animali e piante, rispettiamo la Terra, l'aria, l'acqua e il suolo. Ci assumiamo la responsabilità personale di tutto ciò che facciamo.

Verso un'etica globale

Tutte le nostre decisioni, le nostre azioni e le nostre astensioni producono conseguenze. Dobbiamo trattare gli altri come vorremmo che gli altri trattassero noi. Assumiamo l'impegno a rispettare la vita e la sua dignità, individualità e diversità, perchè tutti ricevano un trattamento umano, senza nessuna eccezione. Ci impegniamo alla pazienza e all'accettazione. Ci impegniamo a perdonare, imparando dal passato ma senza farci mai schiavizzare da odii passati. Aprendo reciprocamente i nostri cuori, ci impegniamo a lasciar cadere le nostre piccole differenze per la causa della comunità mondiale, sviluppando una cultura di solidarietà e di rapporti.

Consideriamo tutto il genere umano come la nostra famiglia. Ci impegniamo a essere cortesi e generosi. Ci impegniamo a non vivere solo per il nostro vantaggio personale, ma anche per servire gli altri, senza mai dimenticare i bambini, gli anziani, i poveri, i sofferenti, i disabili, i profughi e le persone sole. Nessuno deve mai venire considerato o trattato come un cittadino di seconda classe, nè essere sfruttato in alcun modo. Affermiamo la parità tra uomini e donne. Ci impegniamo a non commettere nessun atto sessualmente immorale.

Ci impegniamo a rinunciare a qualunque forma di sopraffazione e di maltrattamento.

Ci impegniamo a costruire una cultura di non-violenza, rispetto, giustizia e pace. Non opprimeremo, non faremo violenza fisica, non tortureremo e non uccideremo nessun essere umano, e non ricorreremo alla violenza come mezzo per risolvere le controversie.

Ci impegniamo per un giusto ordine economico e sociale, in cui tutti abbiano uguali diritti di sviluppare appieno le potenzialità dell'essere umano. Ci impegniamo a parlare e ad agire secondo sincerità e compassione, a trattare con giustizia chiunque, e a rinunciare al pregiudizio e all'odio. Ci impegniamo a non rubare. Ci impegniamo a superare la brama di potere, prestigio, denaro e consumi esasperati per costruire un mondo giusto e in pace.

Il mondo non può diventare migliore se prima non migliora la coscienza degli individui. Ci impegniamo ad accrescere la nostra consapevolezza mediante la disciplina mentale, la meditazione, la preghiera o il pensiero positivo. Se non siamo disposti ad assumerci i nostri rischi e se non siamo pronti al sacrificio, la situazione del mondo non cambierà radicalmente. Perciò ci impegniamo per

Verso un'etica globale

un'etica globale, per la comprensione reciproca, e per modi di vita che siano socialmente utili, forieri di pace e amici della natura. Invitiamo tutti gli uomini, religiosi e non, a fare lo stesso.

Noi, uomini e donne delle diverse religioni e nazioni della Terra, ci rivolgiamo a tutti, religiosi e non religiosi, esprimendo le seguenti convinzioni, che tutti noi condividiamo:

♦ Siamo tutti responsabili del miglioramento dell'ordine mondiale.

♦ L'impegno per i diritti umani, la libertà, la giustizia, la pace e la difesa della Terra è indispensabile.

♦ Le differenze religiose e culturali non debbono impedire l'impegno comune contro ogni comportamento anti-umanitario e a favore di rapporti sempre più umanitari.

♦ I principi dell'Etica Globale sono praticabili da chiunque abbia un convincimento etico, indipendentemente dall'appartenenza a una religione.

♦ In quanto persone religiose e spirituali, fondiamo la nostra vita sulla Realtà Ultima, da cui traiamo speranza e forza spirituale, nella fiducia, nella preghiera o nella meditazione, nelle parole o nel silenzio. A noi tocca una responsabilità particolare verso il benessere dell'umanità e la salvaguardia del pianeta Terra. Non ci consideriamo migliori di nessun' altro, ma crediamo che l'antica sapienza delle nostre religioni possa indicare la strada per il futuro. Invitiamo tutti, uomini e donne, religiosi e non religiosi, a fare lo stesso.

www.ingramcontent.com/pod-product-compliance
Lightning Source LLC
Chambersburg PA
CBHW070633050426
42450CB00011B/3184